MISSION

DU

MINISTÈRE DE L'INSTRUCTION PUBLIQUE & DES BEAUX-ARTS

NOTICE

RELATIVE AUX OBJETS RECUEILLIS

À

ANTINOÉ

PENDANT LES FOUILLES EXÉCUTÉES EN 1901-1902
ET EXPOSÉES AU MUSÉE GUIMET
DU 5 JUIN AU 5 JUILLET 1902

PAR

AL. GAYET

PARIS

ERNEST LEROUX, ÉDITEUR

28, RUE BONAPARTE, 28

1902

NOTICE

RELATIVE AUX OBJETS RECUEILLIS

A ANTINOÉ

(1901-1902)

MISSION

DU

MINISTÈRE DE L'INSTRUCTION PUBLIQUE & DES BEAUX-ARTS

NOTICE

RELATIVE AUX OBJETS RECUEILLIS

A

ANTINOÉ

PENDANT LES FOUILLES EXÉCUTÉES EN 1901-1902
ET EXPOSÉES AU MUSÉE GUIMET
DU 5 JUIN AU 5 JUILLET 1902

PAR

AL. GAYET

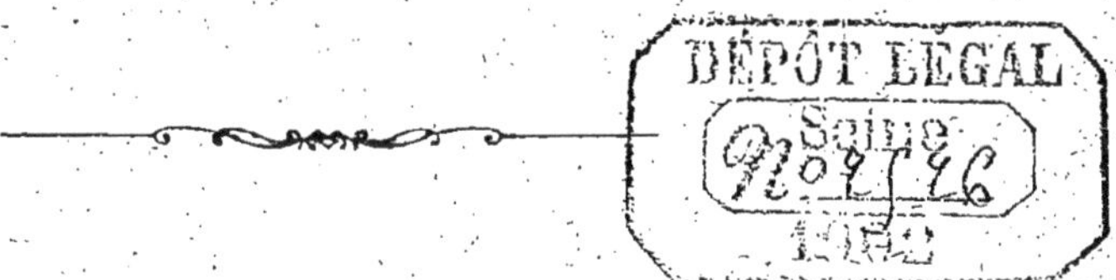

PARIS

ERNEST LEROUX, ÉDITEUR

28, RUE BONAPARTE, 28

1902

LES FOUILLES D'ANTINOÉ

AVERTISSEMENT

Les notices consacrées aux collections précédemment réunies à Antinoé, et exposées au Musée, ont retracé la marche des travaux exécutés, étape par étape. Il suffira donc de rappeler, pour mémoire, l'origine de ceux-ci, et les principales découvertes faites, depuis leur organisation.

En 1896, le Musée prenait l'initiative d'une fouille dans les ruines de la ville d'Antinoé, qui, pour résultat, aboutissait au dégagement d'un temple, bâti par Ramsès II, quinze siècles avant la fondation de la ville romaine. L'année suivante, — 1897 — la continuation des recherches amenait le déblaiement des temples grecs, consacrés à Isis et à Sérapis. Puis, en 1898, la Chambre de Commerce de Lyon participait à l'exploration, qui, cette fois, était reportée tout entière vers la nécropole. Une collection de costumes, étoffes, soieries, broderies, objets funéraires et usuels était formée, au milieu de laquelle se détachaient particulièrement les sépultures de Thotesbent, la musicienne, et celles de quelques fonctionnaires subalternes du palais.

En 1901, cette exploration, qui pendant deux ans, s'était trouvée privée d'appui officiel, était enfin transformée en Mission du Ministère de l'Instruction publique et des Beaux-Arts; et l'exposition des collections recueillies, organisée au Musée, montrait comme principales trouvailles le sarcophage de la favorite royale, Paout-m-Hat (XXIVe siècle avant notre ère), les sépultures de Thaïs et de Sérapion, des momies costumées, des vêtements, des étoffes, des broderies, des tapisseries, des dentelles, des cuirs ouvrés, des objets d'ivoire, des toiles peintes, des mousselines imprimées, les tablettes d'un livre, où les textes se trouvaient gravés au stylet sur des cires, des poteries, et quantité d'objets du culte des morts.

Cette année, le renouvellement de la Mission ainsi créée, en assurant la suite des tra-

vaux, a permis de réunir une nouvelle collection, celle exposée actuellement au Musée, qui
apporte un nouveau contingent de documents
à la connaissance de la civilisation gréco-
égyptienne. Poursuivies méthodiquement, les
fouilles ont eu pour résultat non seulement la
réunion de cette collection, mais encore la
classification de documents archéologiques,
qui commencent à préciser l'histoire et la to-
pographie du pays. Carte de la ville et de ses
environs, plans des nécropoles et des tombes,
inscriptions relevées sur des stèles ou dans
des caveaux; fresques copiées ou détachées
aux murs de ceux-ci. Des sondages, forés de
tous côtés, ont permis en outre de déterminer
ce que maintenant on est en droit d'attendre
de cette œuvre, poursuivie depuis sept ans,
avec tant de persévérance. Et c'est toute une
révélation du passé gréco-oriental, que nous
sommes maintenant en droit d'espérer.

*

L'EXPLORATION DES NÉCROPOLES

DE LA MONTAGNE D'ANTINOÉ

I. — LE BUT DES FOUILLES.

En reprenant, pour la septième fois, l'exploration des ruines d'Antinoé, le but que je me proposais était la recherche de caveaux, creusés aux flancs de la montagne arabique, qui enserre sur trois côtés la ville ; et la découverte d'appartements funéraires, réservés aux sépultures patriciennes. Tous les sondages faits dans la nécropole n'avaient, jusqu'ici, porté que sur des quartiers d'un cimetière, s'étendant dans les sables d'un désert, étalé au pied de cette montagne, de la limite des terres cultivables, aux premiers contreforts rocheux.

Ce projet était fort difficile à mettre à exécution, en raison de la nature des travaux à effectuer et des frais considérables qu'entraîne une telle entreprise. La roche effritée présente partout l'aspect d'éboulis. Les sondages, qu'au préalable il faut effectuer, entraînent, sur certains points, l'enlèvement de toute la couche de sables et de pierres qui recouvre la falaise ; et, de gros blocs, détachés des sommets et arrêtés sur les pentes, doivent être brisés sur place, et dispersés, afin d'assurer la sécurité des ouvriers.

Aucune donnée précise ne m'indiquait pourtant la présence de ces caveaux; la croyance en leur existence était, de ma part, une simple hypothèse. Les raisons que j'avais d'émettre celle-ci, étaient que les sépultures identifiées des nécropoles de la plaine ne sont que celles des classes moyennes de la population d'Antinoé. Les plus remarquables ont été, jusqu'ici, celles de Thotesbent, la musicienne; d'Aurélius Colluthus, le batteur d'or; d'Euphemiâan, la brodeuse; d'autres encore, qui par les pièces recueillies à l'entour des corps, nous prouvent qu'elles furent celles de fonctionnaires ou d'officiers subalternes, attachés à la chancellerie ou au palais. Nulle trace de sépulture patricienne dans cette nécropole, sur un ensemble de 40.000 corps exhumés; et, cependant, une ville aussi fameuse devait compter nombre de patriciens.

II. — LA MARCHE DES TRAVAUX.

Les premiers sondages ne furent pas heureux, et, pendant longtemps, continuèrent en pure perte. Quatre vallées, qui, elles-mêmes, se subdivisent en nombre de vallées secondaires s'ouvrent à l'est d'Antinoé : l'une au sud-est, la plus considérable, qui, à cinq cents mètres à peine de son débouché sur la plaine, se partage en trois grands défilés, branchés en triangle; trois autres, à l'est et au nord-est; la plus au nord, courant presque parallèlement au Nil.

La première de ces vallées, dans laquelle les sondages eurent lieu, fut celle de l'est, la plus éloignée du fleuve, pour cette raison, qu'à sa naissance, des grottes, habitées jadis par les anachorètes, et qui, sans aucun doute, avaient été d'anciens hypogées sont encore reconnaissables. Sur une longueur de deux kilomètres, les recherches ne donnèrent aucun résultat.

Me rapprochant alors du nord, j'attaquai la seconde vallée. Là aussi, le résultat fut d'abord négatif. Pourtant, parvenu à un cirque, au centre duquel se dresse un pic, des caveaux furent enfin, mis à jour par les fouilles. Dévastés dès l'époque antique, — probablement au temps de l'invasion des Perses, sous Khosroès II, l'an 600 — ils ne contenaient que d'informes débris. Les pillards, avides de butin, avaient cherché là l'or et l'argent des bijoux, dont ils supposaient les morts parés, et mis en pièces tout le reste. Onze sépultures furent déblayées; toutes étaient dans le même état.

Sans me décourager, je contournai le pic et, par un col voisin, gagnai la vallée parallèle au fleuve. Sur les déclivités de la falaise qui s'abaissent vers l'enceinte de la ville, l'exploration, enfin, fut couronnée de succès. L'hypothèse émise sur l'existence de caveaux, semblables aux hypogées de l'Égypte antique, était vérifiée déjà par le dégagement des syringes dévastées. Seulement, ces syringes étaient bien creusées dans la montagne, mais précédées par une chapelle construite en briques cuites, recouvertes de stuc, portant des traces de fresques exécutées dans le style grec. Complètement ruinées, ces chapelles n'avaient plus que d'informes arasements.

III. — Les caveaux.

Une porte ouvrait autrefois au fond de ces chapelles, adossées aux pentes du rocher, étroite et basse, qui accédait à l'appartement funèbre. Celui-ci se compose d'une sorte de vestibule, peu profond, et plus large que le caveau. Les dimensions de ce dernier varient de l'un à l'autre, mais le nombre des spécimens classés ne permet point encore d'établir de règles générales. Toutefois, cette chambre funèbre est peu importante et n'atteint guère plus de 2 mètres de profondeur, pour 1 mètre de largeur et 1 m. 50 de hauteur. Ce n'est là, il est vrai, qu'un type mixte, en quelque sorte, entre les sépultures de la plaine, les caveaux enfouis dans les sables et consistant en un simple berceau de briques crues, abritant juste la momie, et les caveaux dévastés de la vallée du nord-est, qui, eux, comptent jusqu'à trois et quatre salles, avec plafonds soutenus par des pilliers. Là, certaines pièces ont jusqu'à 40 et 60 mètres de long,

20 à 30 mètres de large pour 3 mètres de haut, et sont flanquées de pièces plus petites. Aucune surface n'est régulièrement planée, à l'exception du plafond. Les murs sont recoupés de ressauts irréguliers ; les piliers, à peine dégrossis, sans aucune préoccupation architectonique. La seule comparaison possible est de les rapprocher des points d'appui, réservés dans les galeries d'une mine, pour parer à un éboulement.

IV. — LES DIVERS MODES D'ENSEVELISSEMENT.

Deux types particuliers d'ensevelissement sont à noter dans ces caveaux. Tantôt, le corps, non embaumé, a été plongé dans un bain de bitume. Des feuilles d'or, larges au maximum de 4 centimètres de côté, sont appliquées sur le front, les joues, les avant-bras, les mains, les genoux et les pieds. L'or est le plus souvent jaune pâle, quelquefois rougeâtre. Les yeux, les narines, la bouche, les oreilles et les organes sexuels sont semblablement dorés.

Sur les corps, ainsi préparés, des bandelettes sont roulées en spirales ou entre-croisées. Le cadavre, ramené par l'emmaillotage à l'aspect momiforme, une nouvelle couche de bitume enduit toutes les surfaces ; et d'autres bandelettes, toutes semblables, de nouveau s'enroulent et s'entre-croisent, déterminant par leur agglutination une sorte de cartonnage très résistant.

**

Pour quelques-uns des morts, cet appareil se recouvre à son tour de toiles plus fines, collées ensemble et décorées de peintures, de reliefs stuqués et coloriés ou de dorures. D'autres, portent un masque de plâtre sur le visage, fixé au moyen de cordons. Dans quelques cas très rares, un vêtement très collant est passé sur le corps, sous l'emmaillotage. Ces sépultures, exclusivement gréco-romaines, doivent être considérées comme remontant au premier siècle de la fondation d'Antinoé. Rien n'indique encore le christianisme. Tout au contraire, les quelques indices qu'il a été possible de recueillir annoncent les cultes olympiens.

Le second type de sépulture est celui déterminé déjà en 1898, dans les tombes romaines de la plaine, maçonnées en forme de sépulcres. La « momie blanche », non embaumée, non baignée dans le bitume, et qui conserve la teinte exacte de l'épiderme de l'individu. Les corps sont vêtus, mais non emmaillotés, ainsi qu'ils le sont dans le cas précédent, ou dans les sépultures byzantines. Les objets retrouvés dans ces caveaux prouvent péremptoirement que ceux-ci appartenaient à la religion gréco-égyptienne; il ne saurait y avoir de doutes à cet égard.

A la lisière du désert enfin, quelques tombeaux présentent une disposition singulière. Sur un dallage de briques jointes au ciment, le corps, préparé selon le premier procédé ci-dessus décrit, est étendu. Le visage est recouvert du

masque de plâtre. Le long du corps, puis sur
ce corps même, d'autres briques sont ajustées,
noyant le mort dans un bloc de maçonnerie,
affectant la forme d'un sépulcre massif.

V. — LES PEINTURES A FRESQUES DES CHAPELLES
DES CAVEAUX.

Une particularité caractéristique des chapelles
attenantes aux caveaux des versants de la montagne et de la lisière des sables est que les
fresques, dont étaient décorées leurs murailles,
tant à l'intérieur qu'à l'extérieur, sont recouvertes d'un enduit de plâtre. Huit tombeaux
chrétiens montrent la même disposition.

Au premier examen, on peut supposer que la
fresque primitive étant dégradée, un enduit a
été étendu par-dessus, pour permettre l'exécution d'une peinture nouvelle. Il n'en est rien
pourtant. La couche de plâtre voilant les peintures ne porte nulle trace de couleurs ou d'esquisses. Deux hypothèses s'imposent alors. Ou
bien ces chapelles, antérieures à l'avènement de
Constantin, avaient reçu cette disposition, afin
de dissimuler aux yeux des païens, les tableaux
de la religion nouvelle. Ou bien, l'habitude
égyptienne, reprenant la tradition de l'antiquité,
en avait fait des tableaux magiques, qui, em-
prisonnés dans la muraille, n'en conservaient pas
moins, de même qu'autrefois les figurines des

« repondants, » enfouies dans les profondeurs
d'une cachette, perdue dans la paroi, leur effi-
cacité.

L'hypothèse première comporte d'ailleurs,
implicitement, cette compréhension du tableau.

Quoi qu'il en soit, ces fresques, dont il ne reste
que quelques fragments, appartiennent au ré-
pertoire du symbolisme primitif des catacombes.
C'est l'Orante, le Bon Pasteur, la colombe, le
paon, les arbres du jardin paradisiaque, d'autres
figures, qu'il est malaisé d'identifier, dont il ne
reste que les pieds, auprès desquels viennent
se coucher des lions et des chacals. La croix
enfin, soit seule, soit nimbée d'une couronne, est
placée entre les candélabres et des tiges de
lis.

VI. — QUELQUES PARTICULARITÉS.

Un détail à noter : A chaque tombe, on re-
trouve, dans l'épaisseur des sables qui recou-
vrent un caveau, soit dans les fondations de la
chapelle, soit dans la couche de cailloux qui
s'étend sur le roc, lorsque l'hypogée est creusé
en pleine montagne, soit même dans les dé-
combres provenant de l'excavation et rejetés au
devant, des jarres de terre cuite, longues et
fuselées, qui ont été déposées là, au moment de
l'enterrement. Que la sépulture soit païenne ou
chrétienne, peu importe, cette disposition reste

la même. De même aussi, d'autres vases, plus ou moins grands et de formes très variables, sont enfermés dans le caveau. Cette coutume, qui, à n'en pas douter, dérive directement des rites anciens, est, quelle que soit la religion du mort, rigoureusement observée. Il n'y a aucune exception.

INTÉRIEUR DE LA ROTONDE

VITRINES, TABLES

VITRINE 1. — *Costume de femme.* Trois tuniques, encore passées l'une sur l'autre ; empiècements rouges, bleus et jaunes ; entredeux à pendentifs. Mantelet violet. Suaires brodés ; bonnet, filet de dentelle ; chaussures. Poteries et lampes funéraires.

VITRINE 2. — *Costume de femme.* Tunique à empiècement bordé d'un galon de velours bleu, rayures doubles, semées d'amandes rouges. Sèconde tunique à entredeux et médaillons violets. Robe de laine verte, à rayures brunes, portant une branche serpentine jaune. Seconde robe de laine jaune, à médaillons et entre-deux rouges, jaunes et verts. Suaires brodés. Filet, poteries et lampes funéraires.

VITRINE 3. — *Costume de femme.* Trois tuniques passées l'une sur l'autre, à empiècements rouges, brodés de feuilles jaunes et rouges et d'arabesques. La tunique de dessus est rayée de folioles et d'amandes bleues, jaunes et vertes. Gros manteau de laine jaune. Suaires brodés. Chaussures, poteries et bonnet de dentelle de laine.

Vitrine 4. — *Costume de femme*. Trois tuniques passées l'une sur l'autre ; empiècements rouges brodés, Écharpe de laine jaune. Gros manteau de tissu de lin, envers bouclé, avec médaillons d'épaule et entredeux. Suaires brodés, carrés d'angles. Poteries, lampes funéraires. Bonnet de dentelle de laine.

Vitrine 5. — *Costume de femme*. Trois tuniques passées l'une sur l'autre. Empiècements brodés. Écharpe à médaillons lancéolés et rayures semées de boutons de roses stylisées. Seconde écharpe en mousseline verte, à médaillons jaunes et bruns. Linceul brodé de carrés d'angle, enfermant des figures mythologiques. Second suaire brodé d'oiseaux et de fleurs. Manteau en tissu bouclé. Second manteau de laine jaune, rayé de blanc et gansé sur le bord. Bonnet de laine. Chaussures. Lampes funéraires.

Vitrine 6. — *Costume de femme*. Trois tuniques passées l'une sur l'autre, l'une bordée d'un simple galon ; la seconde, à empiècement rouge, brodé de jaune ; la troisième, avec galon de velours bleu et entredeux. Manteau de laine jaune, à rayures rouges. Second manteau de laine à rayures rouges et vertes, brodées de jaune. Grosse frange ornant le pourtour. Écharpe de soie tissée à carreaux. Suaires brodés. Filet de dentelle. Chaussures, poteries et lampes funéraires.

Vitrine 7. — *Costume de femme*. Trois tuniques, celle de dessus, toute brodée d'amandes stylisées et de médaillons. Galon de velours non ciselé, ornant le bas. Manteau de laine jaune. Suaire brodé. Bonnet de dentelle de laine. Filet également de dentelle. Lampes funéraires.

VITRINE 8. — *Costume d'homme.* Tunique à empiècement violet. Gros médaillons avec figures bachiques. Manteau de tissu bouclé, à rayures de velours rouge sur le bas. Chaussettes de toile verte. Jambières de laine jaune, à galons rouges. Suaires brodés. Chaussures lacées. Lampes funéraires. Poteries. Ceinturon.

POURTOUR DE LA ROTONDE

Vitrine 9. — *Costume de femme*. Trois tuniques, la première, brodée d'un semis d'amandes multicolores ; la seconde, à rayures, enfermant des personnages bachiques ; la troisième, de laine rose, garnie d'un galon brodé. Mantelet à bourrelet. Chaussures. Filets de dentelle. Linceul brodé. Poteries et lampes funéraires.

Vitrine 10. — *Fragments divers*. Empiècements de robe, galons, carrés de suaire, fragments de broderie, etc.

Vitrine 11. — *Costume de femme*. Type de costume dit « costume à la Vierge ». Robe de laine bleue. Manteau de laine rouge à bourrelet. Tête recouverte d'un bonnet rabattu, fond bleu, médaillons rouges et jaunes. Filets de dentelle. Suaires brodés.

Vitrines Murales.

Vitrine 12. — *Fond de la vitrine*. Châle-linceul brodé, à médaillons violets et rayures d'arabesques.

Tablette supérieure. Momie de femme costumée. Tunique à entredeux. Chaussures, poteries, lampe funéraire.

Tablette inférieure. Manteau de grosse laine,

corde romaine, natte romaine. Chaussures. Fragments de poteries peintes. Fragments de cercueils peints ou sculptés.

Vitrine 13. — *Fond de la vitrine*. Châle-suaire brodé, encadrements à pendentifs et rinceaux courants formant bordure. Suaire de tissu bouclé, orné *svasticas* brodés en vert-pâle. D'un côté, les *svasticas* mâles, de l'autre, les *svasticas* femelles. Franges nouées.

Momie enveloppée d'une toile peinte, donnant un portrait d'éphèbe, les mains ramenées sur la poitrine. La peinture s'étendant sur le reste du corps représente l'emmaillotage de la momie, composé de bandelettes à croisillons, sur chacun desquels se pose un cabochon de plâtre doré. Un scarabée de plâtre doré sépare les deux décors, au-dessous de deux disques ailés. Ces disques sont figurés aussi par des plâtres dorés. Sur les côtés, petits tableaux mythologiques. Ces particularités sont d'autant plus intéressantes que le mort est chrétien et de race grecque, ainsi que le prouve une inscription placée au-dessus du portrait donnant le nom du défunt Appollon l'élu.

Vitrine 14. — *Fond de la vitrine*. Panneaux brodés ; le premier, d'une figure d'homme, vêtu d'une étoffe passant sur l'épaule, qui rappelle le costume, désigné sous le nom de « la peau de panthère », des prêtres égyptiens. Ce personnage tient en mains une sorte de vase. Rayures d'encadrement à larges rinceaux, enfermant des animaux passants.

Second panneau. Personnages brodés en vert-
pâle, portant des enseignes. Rayures à rinceaux
courants.

Tablette supérieure. Six momies d'enfants
costumées. Momie nue d'un enfant nouveau-né.
Poupée de plâtre, figurine de femme vêtue du
costume byzantin, la tête entourée du bourrelet
de mantelet; chaussures et poteries.

Tablette inférieure. Fond de la vitrine, suaires
et écharpes. Trois momies d'enfants costumées,
chaussures, poteries et lampes funéraires.

Vitrine 15. — *Objets divers*, provenant des
nécropoles de la montagne et de la plaine d'Antinoé : Lampes vernissées d'époque arabe, retrouvées à fleur de sol. Petite tête d'albâtre. Fragments d'or appliqué sur bitume. Figurines
égypto-grecques, fragment d'une statuette égyptienne (lion décorant le siège d'une divinité,
dont il ne reste que les pieds). Fragments de
masques de plâtre. Fragments de poteries peintes.
Colliers, bracelets, fragments de verreries iri-
sées, petites bouteilles de verre, aiguilles d'ivoire,
étuis de bois, uræus de plomb, coq d'ivoire,
perles de verre, coquillages, peignes, fragments
de plombs, sceaux ayant servi à assujettir les
bandelettes, papyrus copte (page de la vie d'un
saint).

Vitrine 16. — *Objets divers*, provenant des
nécropoles de la montagne et de la plaine
d'Antinoé.

Masques de plâtre, lampes funéraires romaines.

Ivoires, poteries peintes. Figurines égypto-grecques. Papyrus copte (texte exégétique). Fragment de toile peinte, tête de saint. Fragments de verreries, peignes, fragments de stèles de marbre. Tablette d'identité de momie, etc.

VITRINE 17. — *Costumes de femme.* Trois tuniques : la première, à emplacement rouge ; la seconde, à rayures et médaillons violets ; la troisième, en tissu bouclé, à entredeux et médaillons. Linceuls brodés, bonnet de dentelle de laine bleue, garni d'une ruche sur le devant. Poteries et lampes funéraires.

VITRINE 18. — *Fragments divers.* Carrés et empiècements brodés, soies imprimées. Médaillons et châles, galons, entredeux, etc.

VITRINE 19. — *Costume de femme.* Deux tuniques, l'une rayée de boutons de roses, la seconde de figures mythologiques avec large empiècement semblable. Robe de laine jaune, à entredeux bleus brodés d'arabesques rouges et jaunes. Filet de dentelle, poteries et lampe funéraire.

VITRINE 20. — *Fragments divers.* Carré de suaires, empiècements de robes, médaillons, galons, fragments de tapisserie, etc.

VITRINE 21. — *Fond de la vitrine.* Suaire brodé de colombes, d'oiseaux posés sur des fleurs, qui affectent la forme de nids et de grappes de raisin. Tous ces thèmes appartiennent au symbolisme du christianisme primitif.

Ce suaire servait de voile de visage, replié en

quatre, et la figure s'est imprimée quatre fois. On la distingue nettement à trois des empreintes. La quatrième est moins visible, une grappe de raisin se trouvant à la place de l'œil gauche.

Tablette supérieure. Momie de femme costumée. Robe brodée, mantelet à bourrelet multicolore. Manteau de laine jaune bouclée, bonnet rayé, ramené sur le visage, suaires brodés, chaussures, poteries, ivoire, lampes funéraires.

Tablette inférieure. Fond. Châle brodé à médaillons et rayures violettes.

Collection de vases provenant de la nécropole pharaonique (XII⁰ dynastie — 2500 ans avant notre ère). Pieds de gazelle, *ouscheptis* de terre cuite et d'albâtre.

Têtes, bras, mains et pieds de momies, — nécropole romaine de la montagne — présentant des traces de dorures appliquées, ainsi qu'il a été exposé plus haut.

Vɪᴛʀɪɴᴇ 22. — *Fond de la vitrine*. Grand panneau de toile brodé de rayures et de fleurs stylisées, tiges de roses et roses chrismées. Petit panneau avec figures d'anges. Les ailes et les vêtements sont stylisés en feuillages.

Sépulture portant le monogramme XM̄Г. — *Marie enfante le Christ*. — Cette sépulture appartient au quartier de la nécropole de la plaine, voisin des premiers contreforts de la montagne. Le cercueil de planches porte sur le couvercle le monogramme XM̄Г et une inscription en partie détruite, apposée à l'un de ses coins.

Momie de femme costumée, robe jaune à décor brun, voile de laine bleue à franges et bourrelet. Linceul brodé. Poteries, lampes funéraires. Couvercle du cercueil, portant le monogramme X$\overline{\text{M}}$Γ. — *Marie enfante le Christ.*

Vitrine 23. — *Fond de la vitrine.* Châle en tissu bouclé, avec décor d'encadrement à pendentifs et rayures.

Tablette supérieure. Momie de femme costumée. Robe à entredeux et carrés d'épaule, à fond rouge. Figures de saint Geòrges dans le carré. Suaires brodés, chaussures, lampes et poteries.

Tablette inférieure. Fond. Châles et écharpes. Têtes, pieds et mains de momies romaines portant des traces de dorures. Momie d'enfant romain, dorée sur différentes parties du corps.

Tête d'anachorète, à cheveux roux, et longue barbe frisée. Emmaillotage complet d'une tête recouverte de bandelettes rouges. Poteries peintes. Gants byzantins.

AU PIED DE L'ESCALIER

Vitrine 24. — *Costumes d'enfants.* Petites tuniques et petites robes brodées, souliers, lampes funéraires.

Vitrines de milieu.

Vitrine 25. — *Sépulture d'un chevalier byzantin.* Cette sépulture, particulièrement caractéristique, était située tout entière dans la montagne. L'appartement funéraire, composé d'une chambre assez vaste, évidée en voûte au sommet, était précédé autrefois d'une chapelle, adossée à la roche, dont les murs, tant à l'extérieur qu'à l'intérieur, étaient recouverts de peintures à fresques, dissimulées sous un enduit.

A l'entrée du caveau, de grandes jarres peintes, enfermées dans des maçonneries de cailloux, agglomérés dans des mortiers, étaient déposées. Le corps, couché dans un cercueil, n'était recouvert que du linceul encore adhérent.

Momie vêtue de jambières de toile et d'une tunique de toile brodée. Nombreuses écharpes brodées; bottes montantes. Echarpe de laine rouge, supportant une médaille de saint Georges. Croix de cristal de roche et de sardoine. Petit tableau peint à la cire, figures religieuses et mythologiques. Panneau de bois sculpté, qui se trouvait encastré sur le côté droit du cercueil.

Quatre grands vases décorés de peintures noires ou rouges. Groupe de terre cuite représentant la scène du banquet.

Vitrine 25. — *Sépulture d'un centurion romain*. Le caveau fort étroit — 2 mètres de profondeur pour 1 mètre de large, et 0 m. 80 de haut — se trouvait creusé dans la montagne, à la lisière de la plaine. Le mode d'ensevelissement comportait l'emmaillotage avec bandelettes bitumées ; sur la dernière toile, une inscription donnait le nom du mort, et la légion à laquelle il appartenait. Seul le titre était conservé.

Momie emmaillotée de bandelettes jaunes et rouges, sceau qui fixait les suaires. Poteries vernissées, bouteille de verre. Figurines égypto-grecques de bronze et de terre cuite.

Vitrine 26. — *Sépulture de* Leukyôné, ΛΗΥΚΑΙΩΝΙΑ.

La Sépulture de Leukyôné — ΛΗΥΚΑΙΩΝΙΑ — appartient au type d'ensevelissement de « la momie blanche » et fournit de précieux documents, sur les cultes en honneur à Antinoé, particulièrement le culte isiaque. La précision de certains détails permet presque de dater cette sépulture du règne d'Héliogabal.

Le caveau était précédé d'une chapelle, complètement ruinée. L'appartement funéraire consistait en un vestibule et une chambre de 2 m. 50 sur 1 m. 20 de large, et 1 m. 50 de haut. Deux sortes de niches rectangulaires, réservées au niveau de la tête, se couvraient en plein cintre. Les parois stuqués étaient recouverts de peintures entièrement dégradées et d'inscriptions, au milieu desquelles le nom, isolé dans la niche de droite, était seul resté intact.

Le corps n'était recouvert que d'un linceul, selon la mode en usage dans la nécropole romaine. Les chaussures, par contre, se trouvaient déposées dans les plis de la jupe, à la hauteur des genoux.

Les documents les plus importants sont fournis par le laraire retrouvé dans la niche de droite, au-dessous du nom; et la disposition de celui-ci a son importance. Il n'était point visible, mais noyé dans une maçonnerie, méconnaissable au premier abord.

C'était un cube rectangulaire, recouvert de stuc, semblable à un socle, qui serait resté sans usage. On entreprit de l'enlever, pour voir s'il ne recouvrait rien. Le travail fait, je me rendis compte que ce massif était creux, et constituait une sorte de petit édicule, cintré au sommet, puis plané par une épaisse couche de plâtre. Trois gradins, mesurant, les deux premiers, 5 centimètres de haut; le troisième, formant plate-forme, 10 centimètres, avaient supporté tout un laraire, dont les figurines étaient tombées dès l'époque de leur mise en place, nombre d'entre elles étant prises dans les stucs, qui avaient coulé à l'intérieur.

Le laraire. Ces figurines sont particulièrement intéressantes. Presque toutes sont celles de déesses égypto-grecques, se rattachant au culte d'Isis. Sur la plate-forme, un *naos* se trouvait flanqué des images de la Vénus isiaque, et de son fils Horus. Au devant de la lanterne, une autre figure d'Horus enfant, apparaît sur le lotus. Mais, le trait caractéristique de ce laraire, est fourni par un groupe de têtes, analogues à celles des *Tanagras*, têtes qui n'ont pu appartenir à des statuettes, leur fini démontrant que la pièce est absolument complète, et qu'on se trouve en présence d'une forme spéciale d'amulette, se rattachant au culte représenté par ce tombeau.

Le rôle de ces figures, connues déjà par nombre de spécimens, n'a pas été jusqu'ici établi. Il a cependant une importance capitale. Ces images donnent invariablement une tête d'Isis-Vénus, coiffée de diverses manières, et se terminant par une tige cylindrique qui, le plus souvent, prolonge de beaucoup le cou.

Or, le savant conservateur du musée gréco-romain d'Alexandrie, M. Dutil, a bien voulu me montrer quantité de figurines semblables à celles de Leukyôné, retrouvées dans les ruines d'Alexandrie et de Naucratis, où ce support affecte la forme phallique. La précision brutale du détail ne laisse aucun doute à cet égard. Plus encore, M. Dutil a reconnu que les statuettes *Tanagras*, qui lui sont parvenues brisées, ont toutes une tête présentant cette disposition spéciale. Cette tête est rapportée, et la tige phallique se trouve de la sorte dissimulée aux regards.

De tels indices semblent indiquer la prédominance d'un culte générateur, tel que celui qui, au temps d'Héliogabal, fut célébré avec les rites de la Pierre-Noire et du principe de la Vie-Une. C'était l'instant où la plupart des femmes romaines portaient au cou, pour amulette, un phallus d'or. Pour symboliser cette conception du principe de vie, on aurait imaginé alors cette représentation qu'on pourrait appeler, en quelque sorte, hermaphrodite; la forme phallique, couronnée de la tête de la Vénus-Isis.

Selon M. Dutil, qui a réuni quantité de ces documents, des figurines telles que celles du tombeau de Leukyôné, ne seraient autres que les ornements d'une sorte de collier, où les têtes de la Vénus isiaque se sertissaient à des phallus d'or, reliés par des chaînons les uns aux autres. Ce qui donne créance à cette hypothèse, est que nombre des figurines que possède le musée d'Alexandrie, ont une bellière au sommet de la tête, et que les oreilles, largement percées, portent également trace de chaînons.

Ce qui rendrait plus vraisemblable cette hypothèse est la confirmation qu'on en pourrait trouver par l'étude des amulettes recueillies sur le corps de la morte. C'est d'abord un groupe de petites images égyptiennes du dieu Bès, le génie de rénovation, le principe de vie par excellence. Le type est celui du Bès bachique, brandissant le tambourin, le son des instruments de musique étant considéré, à l'époque antique, comme éloignant les principes de destruction. Un cynocéphale de bronze joue un rôle tout à fait analogue. C'est le principe de procréation.

Un second groupe d'amulettes est donné par des boucles de cornaline. La boucle de cornaline était l'emblème du sang d'Isis, qui dans l'ancien rituel égyptien lave le mort de ses péchés, au tribunal d'Osiris, et par conséquent lui assure la vie. Mais, plus encore, une pierre — rouge, il est vrai, — donne un indice d'affiliation aux cultes en honneur sous Héliogabal.

Le principe de la Vie-Une, symbolisé par la Pierre-Noire, pouvait sans doute supporter cette dérogation à la teinte consacrée, en raison des liens l'unissant au culte isiaque, qui, lui, exigeait la couleur rouge. A Naucratis, ville essentiellement gréco-romaine, la Pierre-Noire ne se trouve représentée que par de rares spécimens.

De l'ensemble de ces indices, on peut conclure, — sous réserves, bien entendu, — que la tombe de Leukyôné est celle d'une femme grecque, initiée au culte d'Isis et de la Pierre-Noire, mis en honneur par Héliogabal.

Détail. Momie vêtue d'une robe de laine gris-jaune et d'un voile de laine rouge sombre, rayé de jaune. Yeux dorés incrustés dans les orbites. Petit disque d'or collé sur le front. Sur la tête, une couronne de feuillage.

Coussin rayé rouge et jaune. Chaussures de cuir rouge avec appliques dorées.

Laraire. Douze figurines égypto-grecques, un petit *naos,* deux lampes, un vase et un panier enfermant des plantes.

Collier composé de quinze têtes isiaques.

Amulettes égyptiennes. Un cynocéphale de bronze. Figurines émaillées du dieu Bès, pousses et fleurs de lotus, chat de la déesse Maut, œil mystique et cœur émaillé de vert. Collier de pâte de verre rouge. Quatre boucles de cornaline. Une perle rouge, qui représente, peut-être, une gouttelette du sang d'Isis.

Pierre rouge phallique.

Vitrine 26. — *Sépulture d'une dame bizantine.* Le caveau appartenait au type mixte, mi-partie dans la plaine, mi-partie dans la montagne. La chapelle était ornée de peintures à fresques, recouvertes d'une couche de plâtre.

Momie costumée, robe de laine rouge à entre-deux et médaillons d'épaule. Echarpe brodée, manteau à bourrelet de laine, brodé de médaillons lancéolés, esquisses en violet. Suaire brodé. Chaussures bordées de cuir doré au petit fer. Longue chevelure tressée de feuillages, tombant jusqu'aux genoux.

Coussin de tapisserie. Paons et colombes.

Autour du corps, branches de palmier et de saule.
Une boucle d'or, faite de fils tournés, se terminant par une tête de lion. Deux médaillons,
fleurs de marguerites stylisées, émaillées de
jaune et de blanc. Uu étui de bois ouvré ; une
plaque de bois décorée d'un portail d'église
esquissé par des plaques d'ivoire et enfermant
une croix de nacre.

Vitrine 27. — Fragments des fresques de la
tombe de la dame byzantine.

Vitrine 28. — *Costume de femme du peuple.*
Robe de toile grise à rayure bleue. Tunique de
grosse toile, avec rayures semées de vases brodés en violet ; manteau à bourrelet en laine
jaune, filet en grosse dentelle de laine. Suaire
en toile rousse. Lampe funéraire. Chaussures et
poteries.

31

9 782019 230982